MINISTÈRE DE LA GUERRE.

DÉCRET

DU 2 MARS 1878,

PORTANT

RÈGLEMENT POUR LE FONCTIONNEMENT

DE LA

SOCIÉTÉ DE SECOURS AUX BLESSÉS MILITAIRES.

———

(Extrait du *Journal militaire officiel*, partie réglementaire,
1er semestre 1878, n° 9.)

PARIS,

LIBRAIRIE MILITAIRE DE J. DUMAINE,

LIBRAIRE-ÉDITEUR,

Rue et Passage Dauphine, 30.

—

1878

DÉCRET

DU 2 MARS 1878,

PORTANT

RÈGLEMENT POUR LE FONCTIONNEMENT

DE LA

SOCIÉTÉ DE SECOURS AUX BLESSÉS MILITAIRES

Le Président de la République française,

Sur le rapport du Ministre de la guerre et du Ministre de la marine et des colonies ;

Vu le décret du 23 juin 1866, reconnaissant comme établissement d'utilité publique la Société de secours aux blessés des armées de terre et de mer ;

Vu le décret du 31 décembre 1870, relatif à la même Société ;

Le Conseil d'État entendu,

Décrète :

Art. 1er. La Société française de secours aux blessés des armées de terre et de mer est autorisée, en temps de guerre : 1° à créer sur les derrières des armées, dans les régions qui lui sont désignées par le Ministre de la guerre ou les généraux commandant en chef, suivant le cas, des établissements hospitaliers destinés à recevoir des blessés et des malades appartenant aux armées ; 2° à prêter, dans les conditions indiquées au présent règlement, son concours au service des ambulances d'évacuation et des ambulances de gares. Ce concours ne peut être étendu aux ambulances actives des armées qu'en cas d'insuffisance des moyens dont dispose l'administration de la guerre et sur autorisation spéciale du Ministre, ou, en cas d'urgence, des généraux commandant en chef.

En temps de paix, la Société adresse, tous les six mois, au Ministre de la guerre, un rapport destiné à lui faire connaître les moyens dont elle dispose.

Art. 2. Toutes les associations, qui pourraient se former dans le même but et qui ne seraient pas reconnues comme établissements d'utilité publique, devront être rattachées à la Société de secours et seront, dès lors, assujetties aux dispositions du présent règlement.

Cette disposition ne s'applique pas aux ambulances locales dont l'action ne s'étend pas hors de la commune où sont établies lesdites ambulances.

Art. 3. Nul ne peut être employé par la Société de secours s'il n'est Français ou naturalisé Français et s'il n'est dégagé de toutes les obligations imposées par la loi du 27 juillet 1872 sur le recrutement de l'armée, et par la loi du 3 brumaire an IV sur l'inscription maritime.

Néanmoins, les hommes appartenant à la réserve de l'armée territoriale peuvent, exceptionnellement, sur des autorisations nominatives données par le Ministre de la guerre, être admis à faire partie du personnel employé par cette Société.

Sont recrutés : les médecins traitants, parmi les docteurs en médecine ; les médecins-aides, parmi les docteurs en médecine ou les officiers de santé ; les pharmaciens, parmi les pharmaciens diplômés.

Art. 4. La Société est représentée :

A l'intérieur.

1° Auprès du Ministre de la guerre et du Ministre de la marine et des colonies, par le président de la Société ;

2° Dans chaque région de corps d'armée où elle a des centres d'action, par un délégué régional nommé par le conseil supérieur de la Société, agréé par le Ministre de la guerre et accrédité par lui auprès du général commandant le corps d'armée ;

Aux armées.

Auprès de chaque général commandant d'armée ou de corps d'armée opérant isolément, par un délégué d'armée nommé par le conseil supérieur, agréé et commissionné par le Ministre de la guerre.

Lorsque la Société est appelée à coopérer au service des évacuations, elle est représentée auprès des commissions de lignes de chemins de fer de campagne par des délégués spéciaux, dont les nominations sont faites au fur et à mesure des besoins par le délégué d'armée, sauf l'agrément de l'autorité militaire.

Art. 5. Le personnel d'exécution, médecins, pharmaciens, comptables, reste exclusivement au choix de la Société, sous les réserves indiquées à l'article 3 ; mais, au début et préalablement au fonctionnement du service, les différents délégués régionaux et autres adressent aux autorités militaires un contrôle nominatif du personnel employé sous leurs ordres. Ils font connaître, au cours du service, les mutations qui se produisent.

Art. 6. Le personnel de la Société de secours, lorsqu'il est employé aux armées, est soumis aux lois et règlements militaires. Il est justiciable des tribunaux militaires, par application des articles 62 et 75 du Code de justice militaire.

Art. 7. Le président de la Société de secours est l'intermédiaire entre le Ministre de la guerre et la Société.

C'est à lui que sont adressées toutes les communications officielles ayant pour objet l'organisation générale du service de la Société.

Lors de la mobilisation de l'armée, le Ministre de la guerre lui fait connaître les parties du service hospitalier, au fonctionnement desquelles la Société doit participer.

Au cours des opérations, l'extension à donner à cette première part d'action lui est notifiée par le Ministre, qui en fixe chaque fois les limites.

Art. 8. Les délégués régionaux ne correspondent pas avec le Ministre ; ils sont tenus de s'adresser aux généraux commandant les régions de corps d'armée pour toutes les affaires où l'intervention de l'autorité militaire peut être nécessaire.

Ils fournissent mensuellement au général un rapport sur le fonctionnement du service dans leur circonscription.

Art. 9. Les délégués aux armées sont entièrement subordonnés aux chefs militaires près desquels ils sont accrédités.

Ils ne prennent aucune mesure, de quelque nature qu'elle soit, sans avoir préalablement obtenu leur assentiment ; ils doivent, du reste, se conformer à tout ordre concernant le service que ces chefs leur adressent, soit directement, soit par l'intermédiaire des directeurs du service hospitalier.

Art. 10. A l'intérieur et aux armées, aucun établissement hospitalier ne peut être créé par l'assistance volontaire sans une entente préalable avec l'autorité militaire, au sujet de l'importance à donner à l'établissement et du choix de son emplacement.

En principe, les hôpitaux à organiser ne doivent pas avoir plus de deux cents lits et moins de vingt.

La fermeture d'un établissement reste soumise à la même formalité d'entente préalable. Aux armées, la clôture ne peut être prononcée que par le Ministre ou par les généraux commandant en chef.

Art. 11. La Société de secours se procure, pour chaque établissement qu'elle crée, le matériel nécessaire à l'exécution du service.

Toutefois, si l'organisation d'un établissement reconnu indispensable ne peut être effectuée faute de certaines ressources en matériel, l'administration de la guerre peut mettre exceptionnellement à la disposition de la Société, à titre de prêt, tout ou partie de ce matériel.

Dans ce cas, la Société demeure responsable du matériel prêté, dont il est dressé contradictoirement un inventaire évaluatif en triple expédition.

L'une de ces expéditions reste entre les mains du délégué régional ; la seconde est déposée dans les archives de l'administration militaire locale, et la troisième est adressée au Ministre de la guerre.

Art. 12. Dans les localités où la Société de secours crée des établissements hospitaliers, elle est tenue de fournir, avec ses propres ressources, les denrées et objets de consommation nécessaires au traitement des malades.

Par exception, si la Société desservait des établissements dans une place investie où les ressources lui feraient défaut, l'administration militaire pourrait lui fournir les denrées et objets de consommation reconnus nécessaires.

Ces fournitures, délivrées sur bons régulièrement établis et visés par le sous-intendant militaire, seraient effectuées contre remboursement par la Société dans la limite de ses ressources financières.

Art. 13. L'autorité militaire détermine les catégories de blessés et de malades dont le traitement peut avoir lieu dans les établissements desservis par la Société.

Art. 14. Les conditions de traitement des malades admis dans les établissements desservis par la Société de secours, en ce qui concerne le régime alimentaire, les prescriptions et le fonctionnement du service intérieur, doivent, autant que possible, se rapprocher des règles en vigueur dans les hôpitaux militaires ou dans les hospices civils de la localité.

Le soin de régler cette partie du service appartient au délégué régional ou à ses représentants.

Néanmoins, tous les établissements créés par la Société de secours demeurent placés, au point de vue du contrôle et de la discipline, sous la surveillance de l'autorité militaire, qui a toujours la libre entrée de ces établissements.

Art. 15. A l'arrivée d'un malade dans l'établissement, il en est fait immédiatement mention sur le registre du mouvement (*modèle* n° 1), dont toutes les colonnes sont remplies exactement, d'après les indications du billet d'entrée, et, à défaut, d'après les renseignements qu'on se procure auprès des malades.

Le sous-intendant militaire s'assure fréquemment de la bonne tenue de ce registre.

Il est en outre établi, pour chaque entrant, un billet de salle (*modèle* n° 2), qui lui est remis.

Si un malade possède, à son entrée, des bijoux, des valeurs, etc., il doit en faire le dépôt à l'employé comptable de l'établissement, qui en devient responsable, en délivre un reçu particulier et en fait l'inscription sur un registre (*modèle* n° 3).

Art. 16. Les malades dont la guérison est achevée, ou dont le séjour dans l'établissement n'est plus motivé, sont désignés chaque jour par les médecins pour sortir le lendemain.

Le billet de salle reçoit la mention de la sortie ; après que les indications portées sur ce billet ont été remplies, il est remis au malade et lui sert de billet de sortie.

L'indication de la sortie doit figurer sur le registre du mouvement.

Les objets et valeurs qui sont la propriété des sortants et qu'ils avaient déposés, lors de leur entrée dans l'établissement, leur sont rendus après qu'ils les ont reconnus et qu'ils en ont donné décharge sur le registre des dépôts (*modèle* n° 3).

L'employé comptable est tenu d'adresser chaque jour à l'autorité militaire de la localité l'état nominatif des hommes dont la sortie est prescrite par le médecin pour le lendemain.

Art. 17. Lorsqu'un malade vient à décéder dans un établissement desservi par la Société, l'employé comptable se conforme, pour les formalités à remplir, aux dispositions du règlement sur le service de santé de l'armée (art. 514 et suivants).

Il est ouvert à cet effet, dans chaque établissement, un registre des décès (*modèle* n° 4). Un extrait en est adressé, dans les vingt-quatre heures, à l'officier de l'état civil.

Les effets, bijoux, valeurs, laissés par un décédé reçoivent les destinations indiquées au titre VIII du règlement sur le service de santé de l'armée.

Art. 18. L'employé comptable de chaque établissement adresse chaque jour à l'autorité militaire un état particulier du mouvement des malades de la veille, conforme au modèle n° 5, indiquant dans un tableau récapitulatif le nombre des malades que peut contenir l'établissement et le nombre des lits occupés.

Art. 19. Les imprimés et registres en usage dans les hôpitaux militaires et prescrits par les articles ci-dessus sont fournis par l'intendant militaire au délégué régional, qui demeure chargé d'en faire la répartition dans les établissements de la région desservis par la Société.

Dès leur réception dans les établissements, les registres doivent être cotés et parafés par le sous-intendant militaire ou son suppléant.

Art. 20. La Société de secours reçoit de l'administration de la guerre, par journée de malade traité dans ses établissements et à titre de part contributive de l'Etat, une indemnité fixe de un franc.

Cette indemnité n'est point due pour les journées de sortie ou de décès, à moins que la sortie ou le décès n'ait lieu le jour même de l'entrée du malade dans l'établissement.

La Société reste chargée de faire procéder à ses frais à l'inhumation des militaires décédés dans ses hôpitaux, ainsi qu'à la célébration du service mortuaire.

Art. 21. Le montant des journées de traitement, décompté conformément aux dispositions qui précèdent, est ordonnancé mensuellement, sur la simple production d'un extrait du registre du mouvement des malades, établi par l'employé comptable de l'établissement, certifié véritable par le comité local, vu et vérifié par le sous-intendant militaire.

L'ordonnancement a lieu soit par l'intendant militaire, au nom du délégué régional, dûment autorisé à cet effet par le conseil supérieur, soit par les sous-intendants militaires au nom des comités locaux, quand le délégué régional en fait la demande.

Art. 22. Les règles administratives relatives aux hommes de l'armée de mer, traités dans les hôpitaux militaires, sont applicables aux mêmes hommes quand ils sont traités dans les établissements hospitaliers de la Société de secours.

Art. 23. Le personnel de la Société est autorisé à porter le brassard institué en vertu de l'article 7 de la convention de Genève, en date du 22 août 1864, dans les conditions déterminées par les règlements de ladite Société.

Les brassards sont exclusivement délivrés par l'intendant militaire régional et revêtus de son cachet et du numéro de série de la région, sur la production du contrôle nominatif du personnel employé dans chaque établissement.

Il est délivré en même temps une carte nominative qui porte le même numéro que le brassard et qui est signée par le délégué régional et par l'intendant. Tout porteur de brassard doit être constamment muni de cette carte.

Art. 24. A la fermeture de chaque établissement desservi par la Société de secours, les registres dont la tenue est prescrite par le présent règlement sont transmis à l'intendant militaire de la région territoriale, par les soins des sous-intendants, qui demeurent chargés de se les faire remettre par les employés comptables, dûment autorisés à cet effet par le délégué régional.

Ce dernier adresse au Ministre de la guerre par l'intermédiaire du président de la Société :

1° Un rapport d'ensemble sur le fonctionnement des hôpitaux et ambulances de la région ;

2° La statistique des maladies et blessures qui y ont été traitées, avec indication des résultats obtenus.

Art. 25. Les Sociétés de secours étrangères ne pourront être admises à fonctionner, concurremment avec la Société française, que sur une autorisation formelle du Ministre de la guerre et avec la réserve :

1° De se placer sous la direction de la Société française ;

2° De se conformer au présent règlement ;

3° De n'opérer que dans les régions qui leur seront assignées par le Ministre de la guerre.

Art. 26. Le Ministre de la guerre et le Ministre de la marine et des colonies sont chargés de l'exécution du présent décret.

Fait à Versailles, le 2 mars 1878.

Signé : M^{al} DE MAC-MAHON.

Par le Président de la République :

Le Ministre de la guerre,
Signé : Gal BOREL.

Le Ministre de la marine,
Signé : A. POTHUAU.

Modèle N° 1.

—

Art. 15 et 16 du Règlement.

N° 213
de la Nomenclature
des
imprimés de la guerre.

HOPITAL D

DESSERVI PAR LA SOCIÉTÉ DE SECOURS.

REGISTRE

DU MOUVEMENT DES MALADES.

Le présent registre, contenant   feuillets,
celui-ci et le dernier compris, a été coté et paraphé par nous,
Sous-Intendant militaire, pour servir à l'inscription du mouvement des malades, à dater du

A   , le   18   .

Intercal.

NUMÉROS			DÉSIGNATION			NOMS	DATE	GRADES.	LIEUX	PRÉNOMS	NOMS	HÔPITAUX	GENRE	JOURS				du	NOMBRE DE JOURNÉES	OBSERVAT.
														de L'ENTRÉE		de LA SORTIE				
de l'enregistrement à l'hôpital.	du registre matricule.	du contrôle trimestriel ou annuel.	des CORPS.	des bataillons ou escadrons.	des compagnies.	ET PRÉNOMS des militaires.	de la naissance.		DE NAISSANCE, cantons et départements.	des pères.	ET PRÉNOMS des mères.	d'où ils sont évacués.	de maladie.	par billet.	par évacuation.	par billet.	par évacuation.	décès.	de traitement.	

MODÈLE N° 2.
Art. 45 et 46 du Règlement.

NOTA. Il n'y aura lieu de remplir le signalement qu'en cas d'évacuation de malade.

N° 208 C de la Nomenclature
des imprimés de la guerre.

N° du registre matricule.
N° du contrôle trimes-
   triel ou annuel.

GENRE DE MALADIE.

RÉGIMENT D

° Bataillon ou escadron.
° Compagnie ou batterie.

HOPITAL D

N°
d'enregistrem. à l'hôpital.

BILLET DE SALLE.

Le Sieur
fils de   et de   , né le   à
canton d   , département d   , taille d'un mètre   millimètres,
cheveux et sourcils   , front   , yeux   , nez   , bouche   ,
menton   , visage   , marqué
Entré au corps en qualité d   , domicilié de droit, avant son entrée au
service, à   entré le (1)   audit hôpital par
est   aujourd'hui
Fait à   , le   18 .

VU : *Le Sous-Intendant militaire,*   *Le Médecin traitant,*   *L'Employé comptable,*

. . . .

(2) VU : pour entrer à l'hôpital d   , le   18 .

Le Sous-Intendant militaire,

N° d'enregistrement
à l'hôpital.

CERTIFICAT D

Le Médecin traitant et l'Employé comptable certifient
que le dénommé ci-dessus est   aujourd'hui.
A   , le   18 .

VU : *Le Sous-Intendant militaire,*   *Le Médecin traitant,*   *L'Employé comptable,*

(1) Inscrire la date en toutes lettres.
(2) En cas d'évacuation, le sous-intendant militaire du lieu de l'arrivée visera ce billet, qui tiendra
lieu de billet d'entrée.

SERVICE DES HOPITAUX MILITAIRES ET DES AMBULANCES.

HOPITAL D

RÉGIMENT D
° bataillon ou escadron.
° compagnie ou batterie.

Le sieur
sorti le

OBSERVATIONS
DU MÉDECIN TRAITANT.

A   , le   18 .

— 13 —

OBSERVATIONS

DU MÉDECIN-MAJOR SUR LA MARCHE DE LA CONVALES-
CENCE.

Détail des effets d'habillement, de grand et de petit équipement et armement du malade.

DÉSIGNATION DES EFFETS.	NOMBRE.	OBSERVATIONS.	DÉSIGNATION DES EFFETS.	NOMBRE.	OBSERVATIONS.
Capote.			Souliers. . . . . (Paires).		
Tunique.			Chemises.		
Veste ou gilet d'écurie. . .			de cuir. Paires.		
Pantalons.			Guêtres. de drap. *Idem.*		
Képi.			de toile . *Idem.*		
Manteau.			Havre-sac et ses courroies.		
Portemanteau			Cols ou cravates.		
Giberne et porte-giberne .			Caleçons.		
Fusil ou mousqueton et bretelle.			Etui-musette.		
Sabre ou épée baïonnette .			Bonnets de coton		
Pistolet ou revolver. . . .			Trousse garnie.		
Nécessaire d'armes			Mouchoirs.		
			Boîtes. . . . . . (Paires).		

N° DU REGISTRE DES SACS.	N° DU REGISTRE DES DÉPOTS.

Indication des établissements hospitaliers sur lesquels le dénommé d'autre part a été successivement évacué depuis son entrée à l'hôpital d   , et du temps qu'il a séjourné dans ces divers hôpitaux.

DÉSIGNATION des établissements.	DATES		NOMBRE DE JOURNÉES			OBSERVAT.
	de l'entrée.	de l'évacuation.	d'hôpital.	de marche.	d'absence du corps.	
Hôpital d						
Hôpital d						
Hôpital d						
Hôpital d						

MODÈLE Nº 3.

Art. 15 et 16 du Règlement.

Nº 255 G
de la Nomenclature
des
imprimés de la guerre.

HOPITAL D

DESSERVI PAR LA SOCIÉTÉ DE SECOURS.

REGISTRE DES DÉPOTS.

Le présent registre, contenant   feuillets, celui-ci et le dernier compris, a été coté et paraphé par nous, Sous-Intendant militaire, pour servir à l'inscription des objets et valeurs déposés par les malades en traitement audit établissement, à dater du

A   , le   18   .

| NUMÉROS | | NOMS | GRADES. | CORPS | | | DATES | | | | |
D'ORDRE.	DU REGISTRE des mouvemens.	ET PRÉNOMS des déposants.		OU SERVICE.	BATAILLONS ou escadrons.	COMPAGNIES.	DE L'ENTRÉE à l'hôpital.	DES DÉPÔTS.	DE LA SORTIE de l'hôpital.	DES DÉCÈS.	DES AVIS donnés aux héritiers

DÉTAIL DES OBJETS DÉPOSÉS.	DATE DE LA REMISE des dépôts.	REÇU DES DÉPOTS OU DESTINATION qui leur a été donnée.	OBSERVATIONS.

Modèle n° 4.

—

Art. 17 du Règlement.

N° 210
de la Nomenclature
des
imprimés de la guerre.

HOPITAL D

DESSERVI PAR LA SOCIÉTÉ DE SECOURS.

REGISTRE DES DÉCÈS.

Le présent registre, contenant   feuillets,
celui-ci et le dernier compris, a été coté et paraphé par nous,
Sous-Intendant militaire, pour servir à l'inscription des décès
survenus dans ledit établissement, à dater du

A   , le   18   .

NUMÉROS				DÉSIGNATION des			NOMS ET PRÉNOMS.	GRADES.	DATE de la NAISSANCE.	LIEUX DE NAISSANCE cantons et départements.	NOMS et DOMICILES des pères et mères des militaires décédés.	JOUR		GENRE DES MALADIES ou blessures.	OBSERVATIONS.
D'ORDRE.	du REGISTRE du mouvement des malades.	matricule du corps.	DU CONTRÔLE trimestriel ou annuel.	CORPS.	BATAILLONS ou escadrons.	COMPAGNIES.						de L'ENTRÉE à l'hôpital	et HEURE de la mort.		

ÉTAT

DU MOUVEMENT JOURNALIER DES MALADES

DU

MODÈLE N° 5.

Art. 18 du Règlement.

MOIS

d   187 .

HÔPITAL d

DESSERVI PAR LA   SOCIÉTÉ DE SECOURS.

N° 216
de la Nomenclature
des
imprimés de la guerre.

État du mouvement journalier des malades du

DÉSIGNATION DES CORPS.	NOMBRE DE MALADES																					RÉCAPITULATION, PAR GENRE DE MALADIE, des journées			
	RESTANTS le matin.			ENTRÉS						SORTIS									MORTS.			RESTANTS le soir.					
				par billet.			par évacuation.			par billet.			par évacuation.												de fiévreux.	de blessés.	de vénériens.	de galeux.
	Officiers.	Sous-officiers.	Caporaux, brigadiers, soldats.	Officiers.	Sous-officiers.	Caporaux, brigadiers, soldats.	Officiers.	Sous-officiers.	Caporaux, brigadiers, soldats.	Officiers.	Sous-officiers.	Caporaux, brigadiers, soldats.	Officiers.	Sous-officiers.	Caporaux, brigadiers, soldats.	Officiers.	Sous-officiers.	Caporaux, brigadiers, soldats.	Officiers.	Sous-officiers.	Caporaux, brigadiers, soldats.	Officiers.	Sous-officiers.	Caporaux, brigadiers, soldats.				

DÉSIGNATION DES MALADES.	NOMBRE DE LITS		
	EXISTANTS.	OCCUPÉS.	VACANTS.
Officiers......................			
Sous-officiers et soldats........			
TOTAUX.............			

CERTIFIÉ par l'employé comptable,

Le   187 .

COLLATIONNÉ :
Le Chef du bureau des Archives,
H. HENNET.

VU :
Le Chef de service,
A. DE MAMONY.

CERTIFIÉ conforme :
Paris, le 20 mars 1878.
*Le Directeur général du Contrôle
et de la Comptabilité de la guerre,*
E. RENAUDIN.

PARIS. — IMPRIMERIE J. DUMAINE, RUE CHRISTINE, 2.